escola - 學校 2
viagem - 旅行 5
transporte - 交通運送 8
cidade - 城市 10
paisagem - 地形 14
restaurante - 餐館 17
supermercado - 超市 20
bebidas - 飲料 22
comida - 食物 23
fazenda - 農場 27
casa - 房子 31
sala de estar - 客廳 33
cozinha - 廚房 35
banheiro - 浴室 38
quarto de criança - 兒童房 42
vestuário - 衣服 44
escritório - 辦公室 49
economia - 經濟 51
profissões - 職業 53
ferramentas - 工具 56
instrumentos musicais - 樂器 57
zoológico - 動物園 59
esportes - 體育 62
atividades - 活動 63
família - 家 67
corpo - 身體 68
hospital - 醫院 72
emergência - 緊急情形 76
Terra - 地球 77
relógio - 鐘錶 79
semana - 週 80
ano - 年 81
formas - 形狀 83
cores - 顏色 84
opostos - 反義詞 85
números - 數字 88
idiomas - 語言 90
quem / o quê / como - 誰/什麼/如何 91
onde - 方位 92

Impressum
Verlag: BABADADA GmbH, Nedderfeld 112 , 22529 Hamburg
Geschäftsführer / Verlagsleitung: Harald Hof
Druck: Books on Demand GmbH, In de Tarpen 42, 22848 Norderstedt

Imprint
Publisher: BABADADA GmbH, Nedderfeld 112 , 22529 Hamburg, Germany
Managing Director / Publishing direction: Harald Hof
Print: Books on Demand GmbH, In de Tarpen 42, 22848 Norderstedt

escola

學校

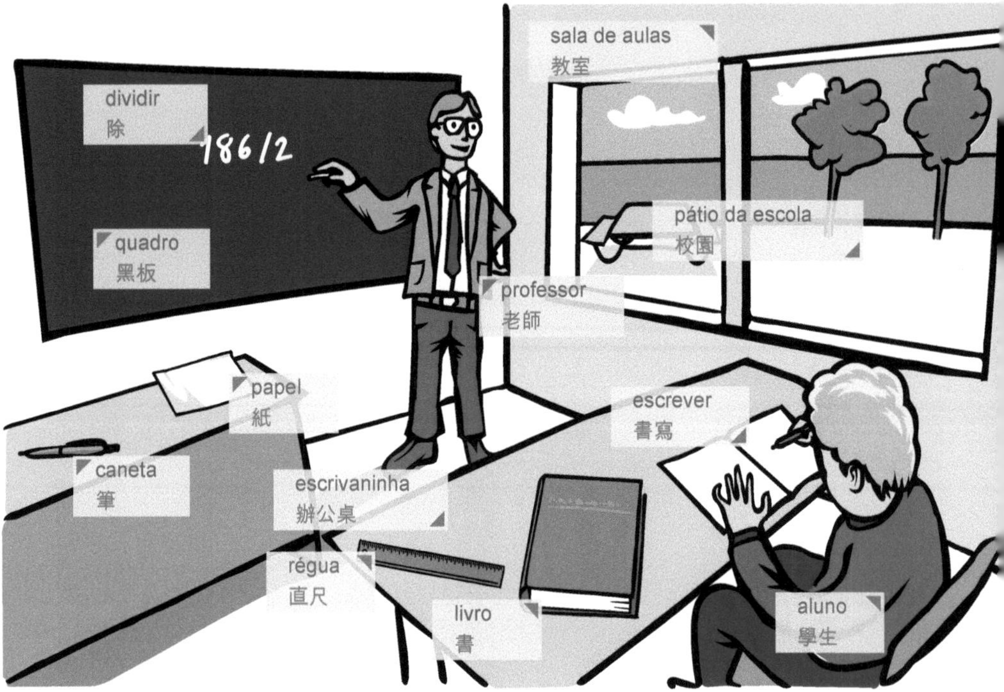
sala de aulas
教室
dividir
除
186/2
quadro
黑板
pátio da escola
校園
professor
老師
papel
紙
escrever
書寫
caneta
筆
escrivaninha
辦公桌
régua
直尺
livro
書
aluno
學生

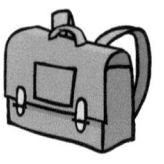

sacola
書包

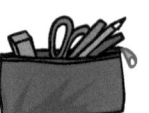

estojo de lápis
鉛筆盒

lápis
鉛筆

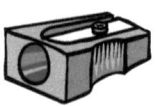

apontador de lápis
削鉛筆機

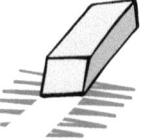

borracha
橡皮擦

bloco de desenho
畫板

desenho

圖畫

pincel

畫筆

estojo de tintas

顏料盒

tesoura

剪刀

cola

膠水

livro de exercícios

練習冊

lição de casa

家庭作業

número

數字

somar

加

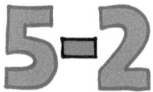

subtrair

減

multiplicar

乘

calcular

計算

letra

字母

alfabeto

字母表

palavra

字

texto

課文

ler

讀

giz

粉筆

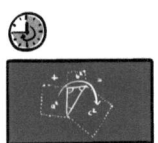

hora

上課

registro da classe

登記

exame

考試

certificado

證書

uniforme escolar

校服

educação

教育

enciclopédia

百科全書

universidade

大學

microscópio

顯微鏡

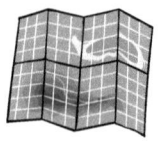

mapa

地圖

cesto de lixo

廢紙簍

viagem
旅行

hotel
飯店
Grand
albergue
青年旅社
ROOMS
casa de câmbio
外幣兌換處
EXCHANGE
mala
手提箱
carro
汽車

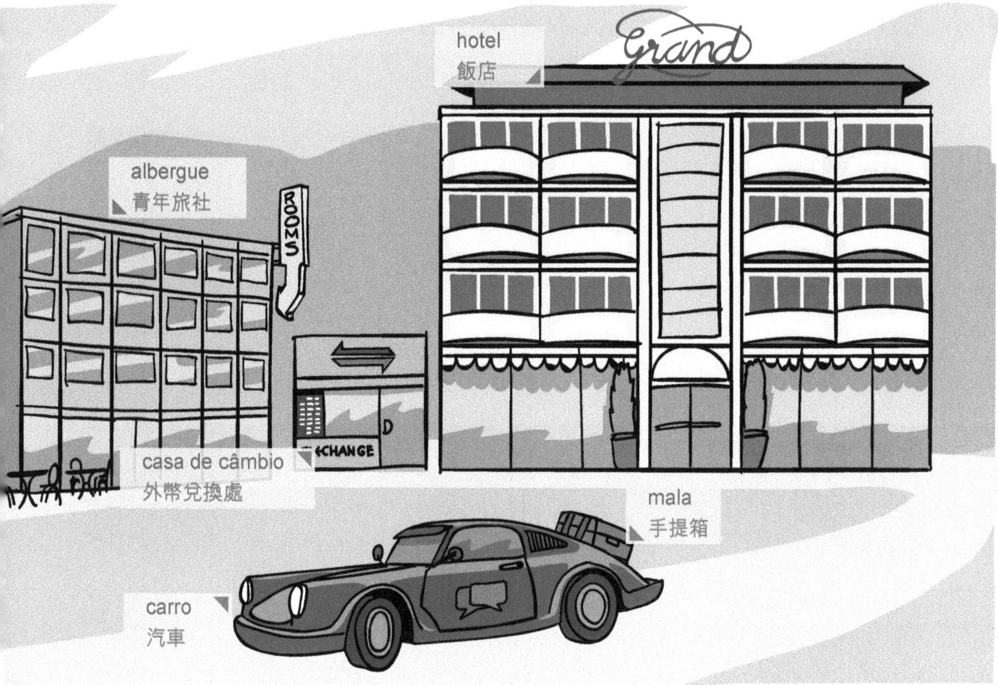

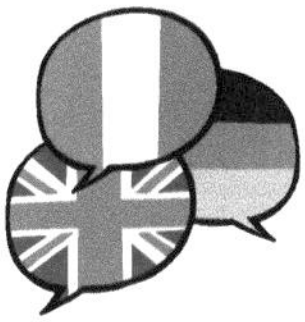

idioma

語言

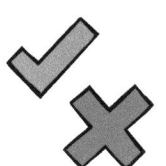

sim / não

是/否

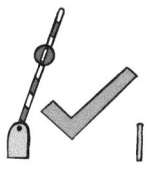

ok

好的

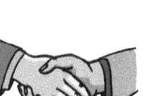

Olá

您好

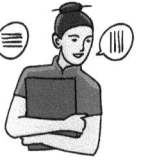

tradutor

翻譯人員

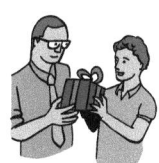

obrigado

謝謝

quanto custa...?

......多少錢？

eu não entendo

我不明白

problema

問題

boa noite!

晚上好！

Bom dia!

早上好！

Boa noite!

晚安！

até logo

再見

direção

方向

bagagem

行李

bolsa

包

mochila

背包

convidado

客人

quarto

房間

saco de dormir

睡袋

barraca

帳篷

informação turística

旅行資訊

praia

海灘

cartão de crédito

信用卡

café da manhã

早餐

almoço

午餐

jantar

晚餐

bilhete

票

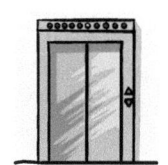

elevador

電梯

selo

郵票

fronteira

邊界

alfândega

海關

embaixada

大使館

visto

簽證

passaporte

護照

transporte
交通運送

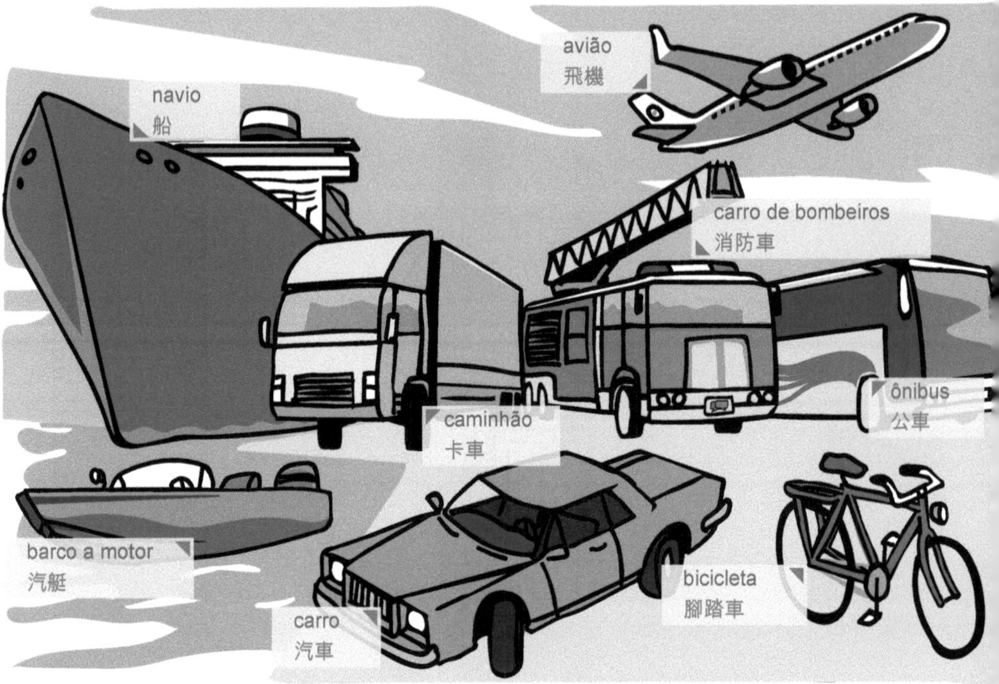

avião
飛機
navio
船
carro de bombeiros
消防車
ônibus
公車
caminhão
卡車
barco a motor
汽艇
bicicleta
腳踏車
carro
汽車

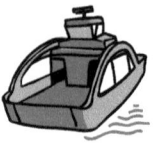

balsa

渡輪

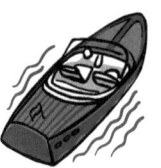

barco

小船

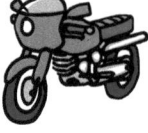

motocicleta

機車

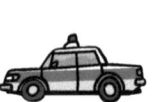

veículo policial

警車

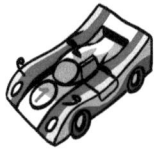

carro de corrida

賽車

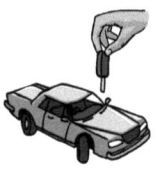

carro de aluguel

租車

compartilhamento de automóvel
....
拼車

caminhão de reboque
....
拖車

caminhão de lixo
....
垃圾車

motor
....
馬達

combustível
....
汽油

posto de gasolina
....
加油站

placa de trânsito
....
交通標識

trânsito
....
交通

trânsito lento
....
交通堵塞

estacionamento
....
停車場

estação de trem
....
火車站

trilhos
....
軌道

trem
....
火車

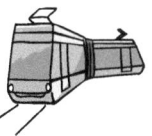

bonde
....
路面電車

vagão
....
客車廂

helicóptero

直升機

aeroporto

機場

torre

塔

passageiro

乘客

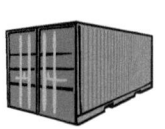

contêiner

集裝箱

cartolina

紙板箱

carroça

手推車

cesto

籃子

decolar / pousar

起飛/降落

cidade
城市

vilarejo

村莊

centro da cidade

市中心

casa

房子

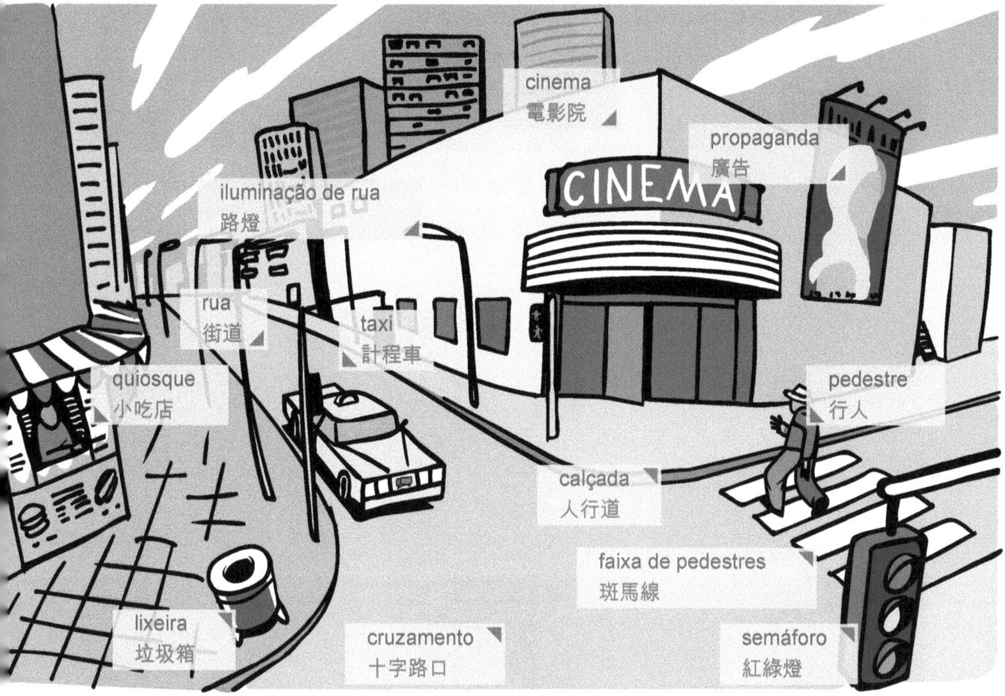

cinema
電影院

propaganda
廣告

CINEMA

iluminação de rua
路燈

rua
街道

taxi
計程車

quiosque
小吃店

pedestre
行人

calçada
人行道

faixa de pedestres
斑馬線

lixeira
垃圾箱

cruzamento
十字路口

semáforo
紅綠燈

cabana

小屋

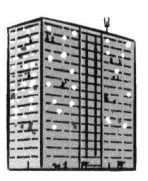

apartamento

公寓

estação de trem

火車站

prefeitura

市政廳

museu

博物館

escola

學校

cidade - 城市

universidade

大學

banco

銀行

hospital

醫院

hotel

飯店

farmácia

藥房

escritório

辦公室

livraria

書店

loja

商店

floricultura

花店

supermercado

超市

mercado

市場

loja de departamentos

百貨商店

peixaria

魚店

centro comercial

購物中心

porto

海港

parque

公園

banco

長凳

ponte

橋

escadas

樓梯

metrô

捷運

túnel

隧道

ponto de ônibus

公車站

bar

酒吧

restaurante

餐館

aixa de correspondência

郵筒

placa de rua

路標

parquímetro

停車計時器

zoológico

動物園

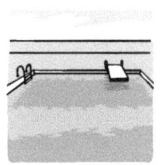

piscina

游泳池

mesquita

清真寺

fazenda

農場

poluição

污染

cemitério

墓地

igreja

教堂

parquinho

操場

templo

寺廟

paisagem

地形

folha
樹葉

placa de sinalização
指示牌

caminho
路

gramado
草地

pedra
石頭

árvore
樹

caminhantes
徒步旅行者

rio
河

grama
草

flor
花

vale

峽谷

montanha

丘陵

lago

湖

floresta

森林

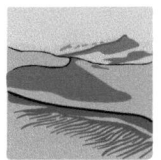

deserto

沙漠

vulcão

火山

castelo

城堡

arco-íris

彩虹

cogumelo

蘑菇

palmeira

棕櫚樹

mosquito

蚊子

mosca

蒼蠅

formiga

螞蟻

abelha

蜜蜂

aranha

蜘蛛

besouro

甲蟲

sapo

青蛙

esquilo

松鼠

ouriço

刺蝟

lebre

野兔

coruja

貓頭鷹

pássaro

鳥

cisne

天鵝

javali

野豬

veado

鹿

alce

麋鹿

barragem

水壩

aerogerador

風力發電機

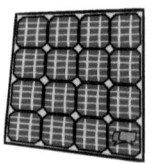

painel solar

太陽能電池板

clima

氣候

restaurante
餐館

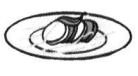

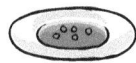

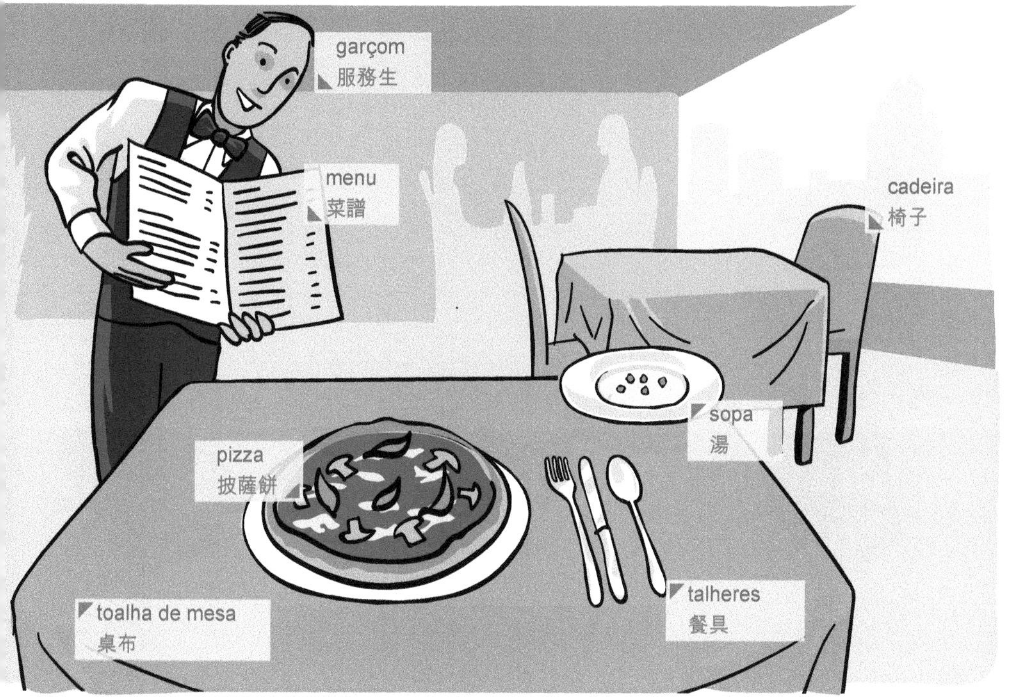
garçom
服務生
menu
菜譜
cadeira
椅子
sopa
湯
pizza
披薩餅
talheres
餐具
toalha de mesa
桌布

entrada
前菜

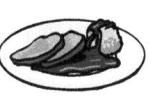

prato principal
主菜

sobremesa
甜點

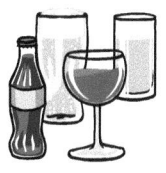

bebidas
飲料

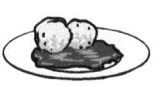

comida
食物

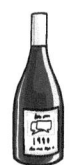

garrafa
瓶子

fastfood

速食

comida de rua

街邊小吃

bule de chá

茶壺

açucareiro

糖盒

porção

一份飯菜

máquina de expresso

義式咖啡機

cadeirão

高腳椅

conta

帳單

bandeja

托盤

faca

刀

garfo

餐叉

colher

勺子

colher de chá

茶匙

guardanapo

餐巾

copo

玻璃杯

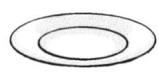

prato

碟子

prato de sopa

湯盤

pires

碟子

molho

醬

saleiro

鹽瓶

moedor de pimenta

胡椒研磨罐

vinagre

醋

óleo

食用油

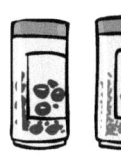

especiarias

調味料

ketchup

番茄醬

mostarda

芥末

maionese

美乃滋

supermercado
超市

oferta especial
特價
cliente
顧客
laticínios
乳製品
frutas
水果
carrinho de compras
購物車
FOR

BUTCHERS

açougue
肉鋪

BAKERY

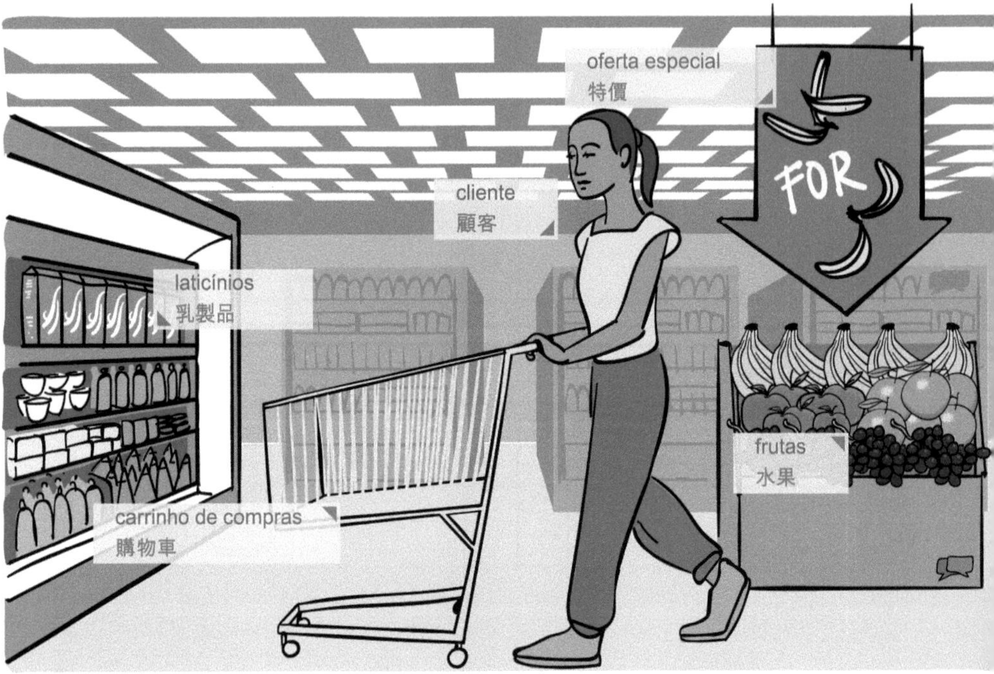

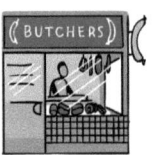

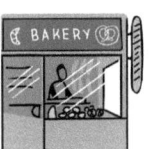

padaria
麵包店

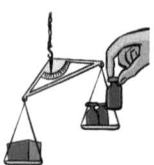

pesar
稱重

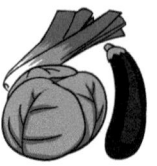

legumes
蔬菜

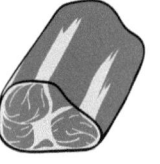

carne
肉

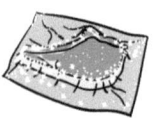

congelados
冷凍食品

charcutaria

冷盤

conservas

罐頭食品

detergente em pó

洗衣粉

doces

甜食

artigos domésticos

日用品

produtos de limpeza

清潔用品

vendedora

銷售員

caixa

收銀機

caixa

收銀員

lista de compras

購物清單

horário de funcionamento

開放時間

carteira

錢包

cartão de crédito

信用卡

sacola

袋子

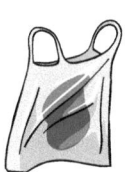

saco plástico

塑膠袋

bebidas

飲料

água

水

suco

果汁

leite

牛奶

coca-cola

可樂

vinho

紅酒

cerveja

啤酒

álcool

酒

cacau

可可

chá

茶

café

咖啡

expresso

義式濃縮咖啡

cappuccino

卡布奇諾

banana

香蕉

maçã

蘋果

laranja

柳丁

melão

西瓜

limão

檸檬

cenoura

胡蘿蔔

alho

大蒜

bambu

竹子

cebola

洋蔥

cogumelo

蘑菇

nozes

堅果

macarrão

麵條

espaguete

義大利麵

arroz

米飯

salada

沙拉

batatas fritas

薯條

batatas frias

炸馬鈴薯

pizza

披薩餅

hambúrger

漢堡

sanduíche

三明治

escalope

炸豬排

presunto

火腿

salame

義大利臘腸

salsicha

香腸

galinha

雞肉

assado

烤肉

peixe

魚

flocos de aveia

燕麥片

granola

木斯里

flocos de milho

玉米片

farinha

麵粉

croissant

牛角麵包

pãozinho

麵包捲

pão

麵包

torrada

吐司

biscoitos

餅乾

manteiga

奶油

requeijão

凝乳

bolo

蛋糕

ovo

蛋

ovo frito

煎蛋

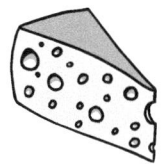

queijo

起司

sorvete

冰淇淋

açúcar

糖

mel

蜂蜜

geleia

果醬

creme de avelãs

巧克力醬

curry

咖哩

fazenda

農場

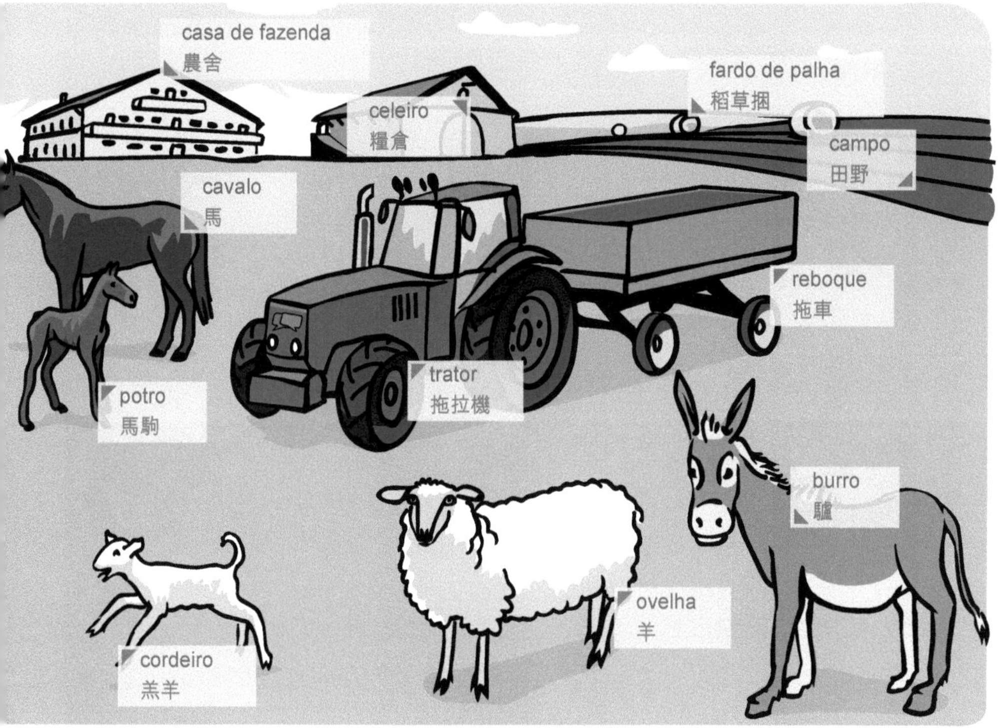
casa de fazenda
農舍
celeiro
糧倉
fardo de palha
稻草捆
campo
田野
cavalo
馬
reboque
拖車
trator
拖拉機
potro
馬駒
burro
驢
ovelha
羊
cordeiro
羔羊

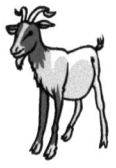

cabra

山羊

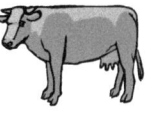

vaca

奶牛

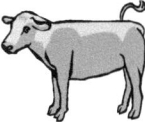

bezerro

小牛

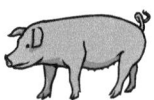

porco

豬

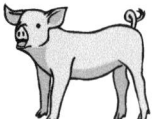

leitão

小豬

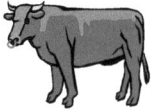

touro

公牛

ganso

鵝

pato

鴨

pintinho

小雞

galinha

母雞

galo

公雞

ratazana

鼠

gato

貓

camundongo

老鼠

boi

牛

cachorro

狗

casinha do cachorro

狗屋

mangueira de jardim

花園澆水軟管

regador

澆水壺

foice

長柄大鐮刀

arado

犁

foice

鐮刀

enxada

鋤頭

forquilha

長柄草耙

machado

斧頭

carrinho de mão

獨輪手推車

manjedoura

飼料槽

jarra de leite

牛奶罐

saco

麻布袋

cerca

柵欄

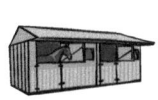

estábulo

馬廄

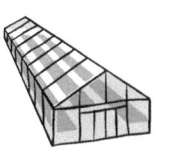

estufa

溫室

solo

土壤

semente

種子

fertilizante

肥料

colheitadeira

聯合收割機

colher

收割

colheita

收割

inhame

地瓜

trigo

小麥

soja

大豆

batata

土豆

milho

玉米

colza

油菜籽

árvore frutífera

果樹

mandioca

樹薯

cereais

穀物

casa
房子

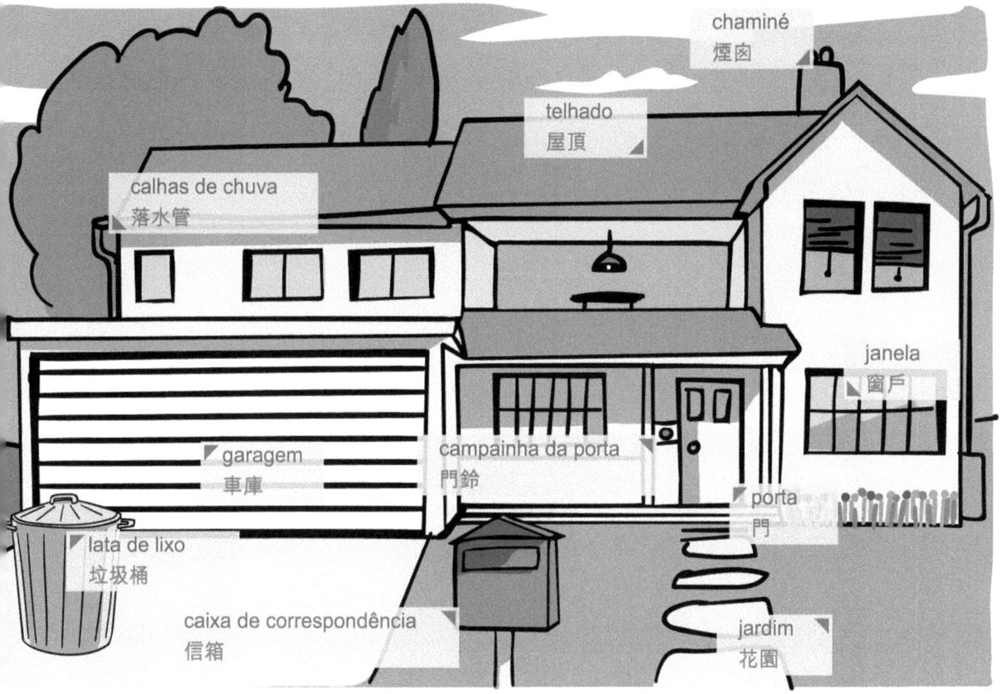

chaminé
煙囪
telhado
屋頂
calhas de chuva
落水管
janela
窗戶
garagem
車庫
campainha da porta
門鈴
porta
門
lata de lixo
垃圾桶
caixa de correspondência
信箱
jardim
花園

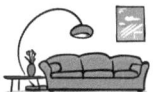

sala de estar

客廳

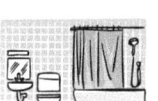

banheiro

浴室

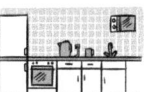

cozinha

廚房

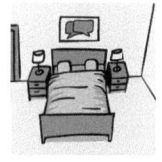

quarto de dormir

臥室

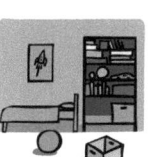

quarto de criança

兒童房

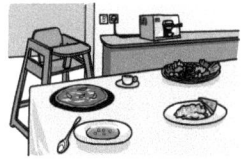

sala de jantar

餐廳

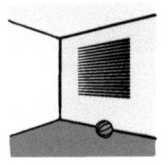

chão

地板

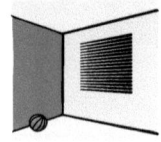

parede

牆壁

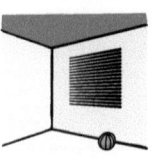

teto

天花板

porão

地窖

sauna

三溫暖

varanda

陽臺

terraço

露臺

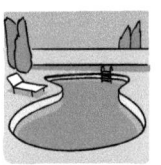

piscina

游泳池

cortador de grama

割草機

lençol

被單

coberta

床罩

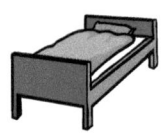

cama

床

vassoura

掃帚

balde

水桶

interruptor

開關

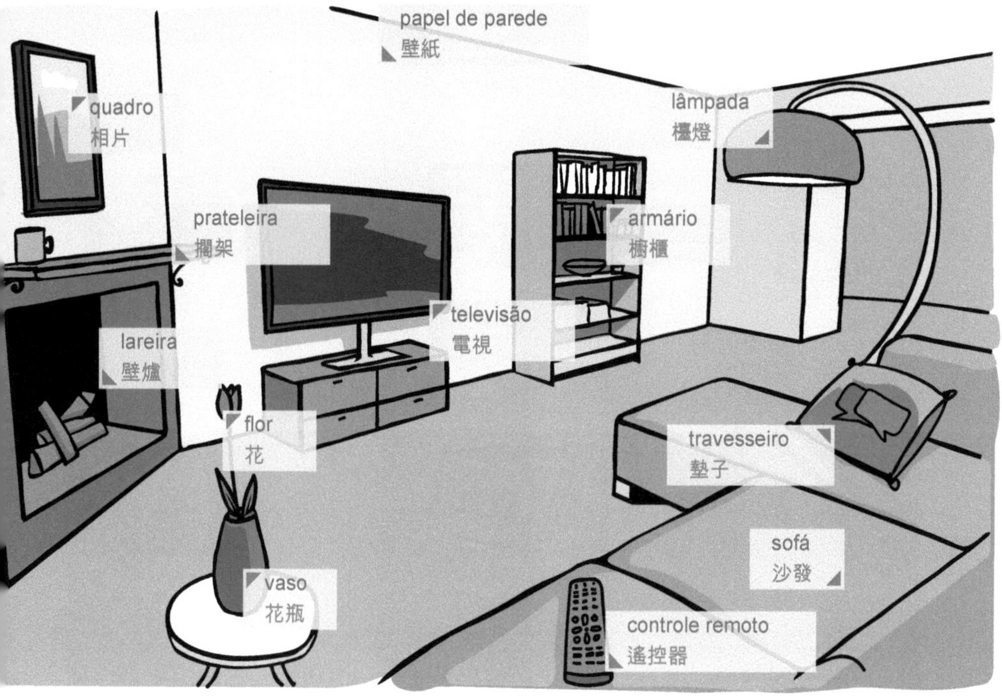

papel de parede
壁紙

quadro
相片

lâmpada
檯燈

prateleira
擱架

armário
櫥櫃

televisão
電視

lareira
壁爐

flor
花

travesseiro
墊子

sofá
沙發

vaso
花瓶

controle remoto
遙控器

tapete

地毯

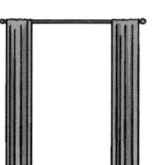

cortina

窗簾

mesa

餐桌

cadeira

椅子

cadeira de balanço

搖椅

poltrona

扶手椅

livro

書

cobertor

毯子

decoração

裝飾品

lenha

木柴

filme

電影

equipamento de som

高傳真音響

chave

鑰匙

jornal

報紙

pintura

油畫

pôster

海報

rádio

收音機

bloco de notas

筆記本

aspirador

吸塵器

cacto

仙人掌

vela

蠟燭

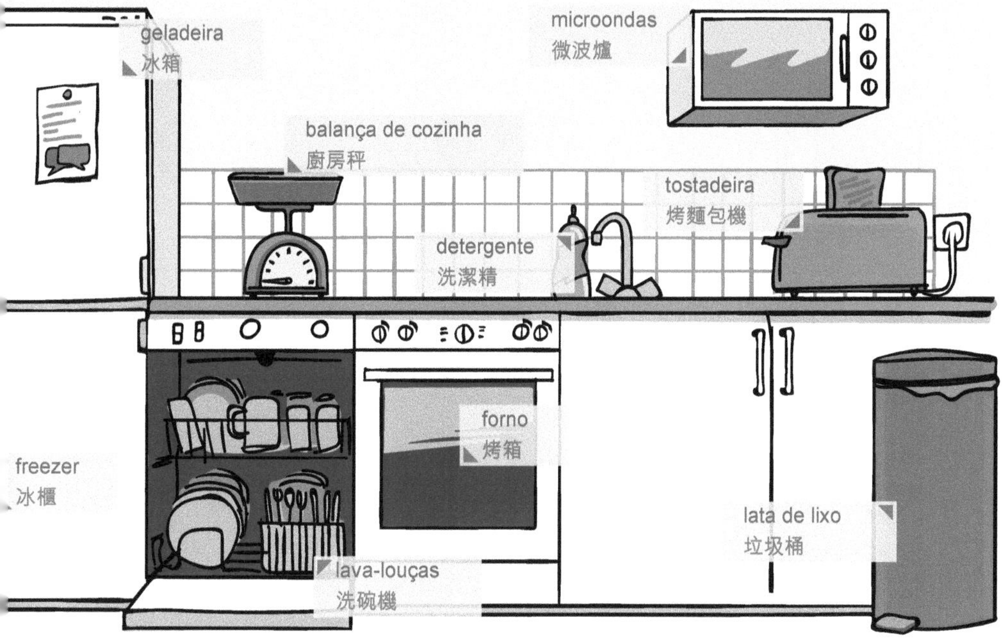

geladeira
冰箱

microondas
微波爐

balança de cozinha
廚房秤

tostadeira
烤麵包機

detergente
洗潔精

forno
烤箱

freezer
冰櫃

lata de lixo
垃圾桶

lava-louças
洗碗機

fogão
炊具

panela
鍋

panela de ferro
鑄鐵鍋

wok / kadai
炒鍋

frigideira
平底鍋

chaleira
水壺

panela a vapor

蒸鍋

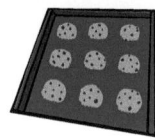

tabuleiro de forno

烤盤

louça

陶瓷鍋

caneca

馬克杯

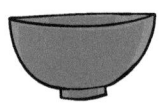

caçarola

碗

hashi

筷子

concha de sopa

長柄勺

espátula

鏟子

batedor

攪拌器

escorredor

濾網

peneira

篩子

ralador

磨碎機

almofariz

研缽

churrasqueira

燒烤

lareira

明火

tábua de cortar

菜板

rolo da massa

擀麵杖

saca-rolhas

開瓶器

lata

罐子

abridor de latas

開罐器

pegador de panela

隔熱手套

pia

水槽

escova

刷子

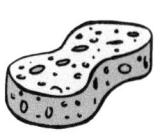

esponja

海綿

liquidificador

攪拌機

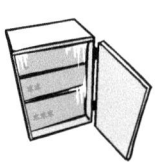

congelador

冷藏箱

mamadeira

奶瓶

torneira

水龍頭

banheiro

浴室

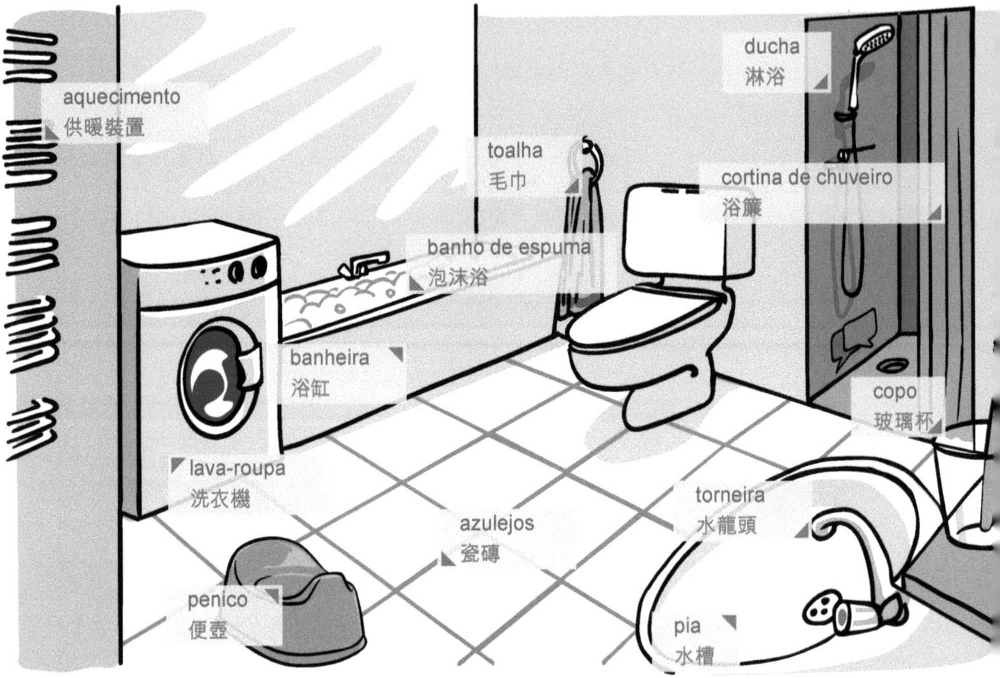

aquecimento
供暖裝置
ducha
淋浴
toalha
毛巾
cortina de chuveiro
浴簾
banho de espuma
泡沫浴
banheira
浴缸
copo
玻璃杯
lava-roupa
洗衣機
torneira
水龍頭
azulejos
瓷磚
penico
便壺
pia
水槽

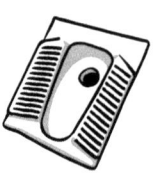

vaso sanitário

廁所

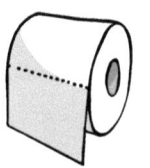

lavabo de agachar

蹲便器

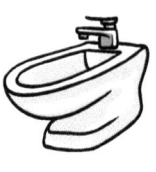

bidê

坐浴器

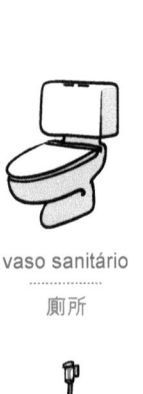

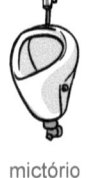

mictório

小便斗

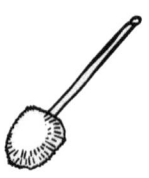

papel higiênico

廁紙

escova de privada

馬桶刷

escova de dentes

牙刷

pasta de dentes

牙膏

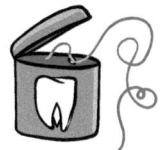
fio dental

牙線

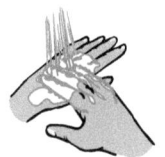
lavar

洗

ducha de mão

手持式蓮蓬頭

ducha íntima

沖洗器

bacia

洗臉盆

escova para as costas

洗背刷

sabonete

肥皂

gel de banho

沐浴露

xampu

洗髮乳

toalha de rosto

法蘭絨

escoamento

排水

creme

乳霜

desodorante

除臭劑

espelho

鏡子

espelho de mão

手鏡

barbeador

刮鬍刀

espuma de barbear

刮鬍泡沫

loção pós-barba

鬍後水

pente

梳子

escova

刷子

secador de cabelo

吹風機

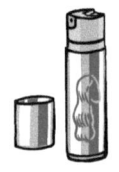

spray de cabelo

噴髮定型劑

maquiagem

化妝品

batom

唇膏

esmalte de unhas

指甲油

algodão

化妝棉

tesoura para unhas

指甲剪

perfume

香水

nécessaire

洗漱包

banquinho

凳子

balança

計重秤

roupão de banho

浴袍

luvas de borracha

橡膠手套

absorvente interno

衛生棉條

absorvente íntimo

衛生棉

banheiro químico

化學廁所

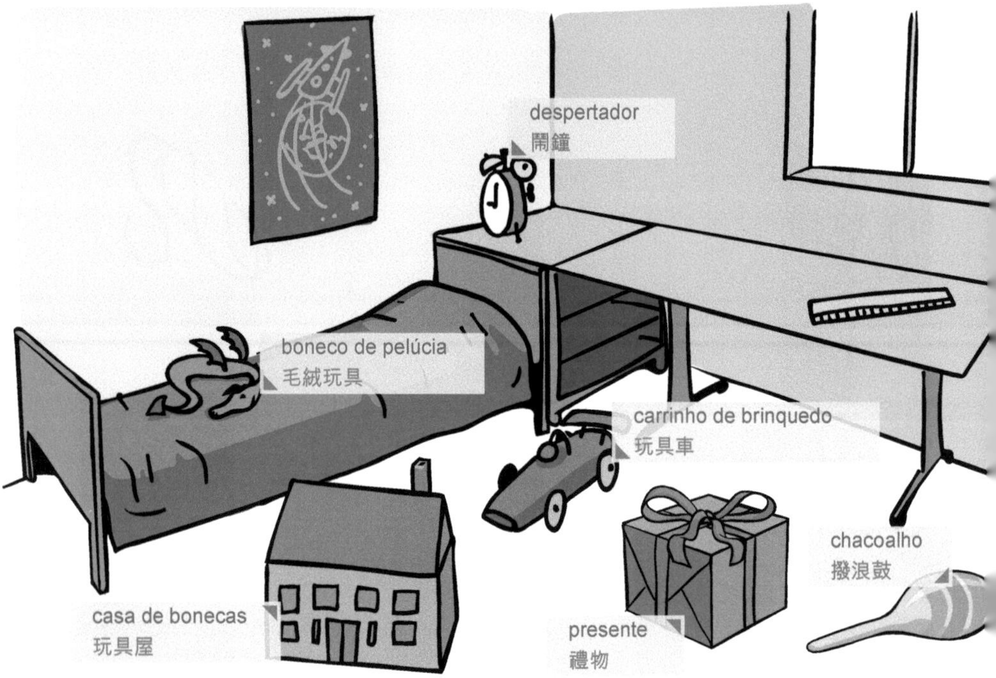

despertador
鬧鐘
boneco de pelúcia
毛絨玩具
carrinho de brinquedo
玩具車
chacoalho
撥浪鼓
casa de bonecas
玩具屋
presente
禮物

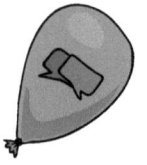

balão
氣球

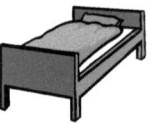

cama
床

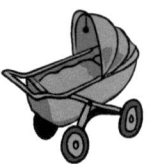

carrinho de bebê
嬰兒車

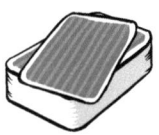

jogo de cartas
撲克牌

quebra-cabeças
拼圖

SUPER
MEGA

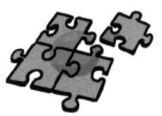

revista de quadrinhos
漫畫

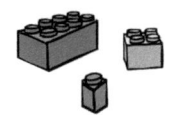

peças de Lego

樂高積木

blocos de construção

積木玩具

figura de ação

公仔

macaquinho de bebê

嬰兒服

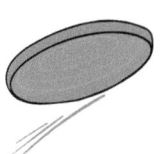

frisbee

飛盤

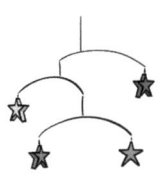

móbile para bebé

床鈴玩具

jogo de tabuleiro

棋盤遊戲

dados

骰子

trenzinho elétrico

火車模型

chupeta

安撫奶嘴

festa

派對

livro ilustrado

繪本

bola

球

boneca

洋娃娃

brincar

玩

caixa de areia

沙坑

balanço

鞦韆

brinquedos

玩具

videogame

電玩遊戲

triciclo

三輪車

ursinho de pelúcia

泰迪熊

guarda-roupa

衣櫃

vestuário
衣服

meias

襪子

meias pelo joelho

長襪

meias-calças

緊身褲

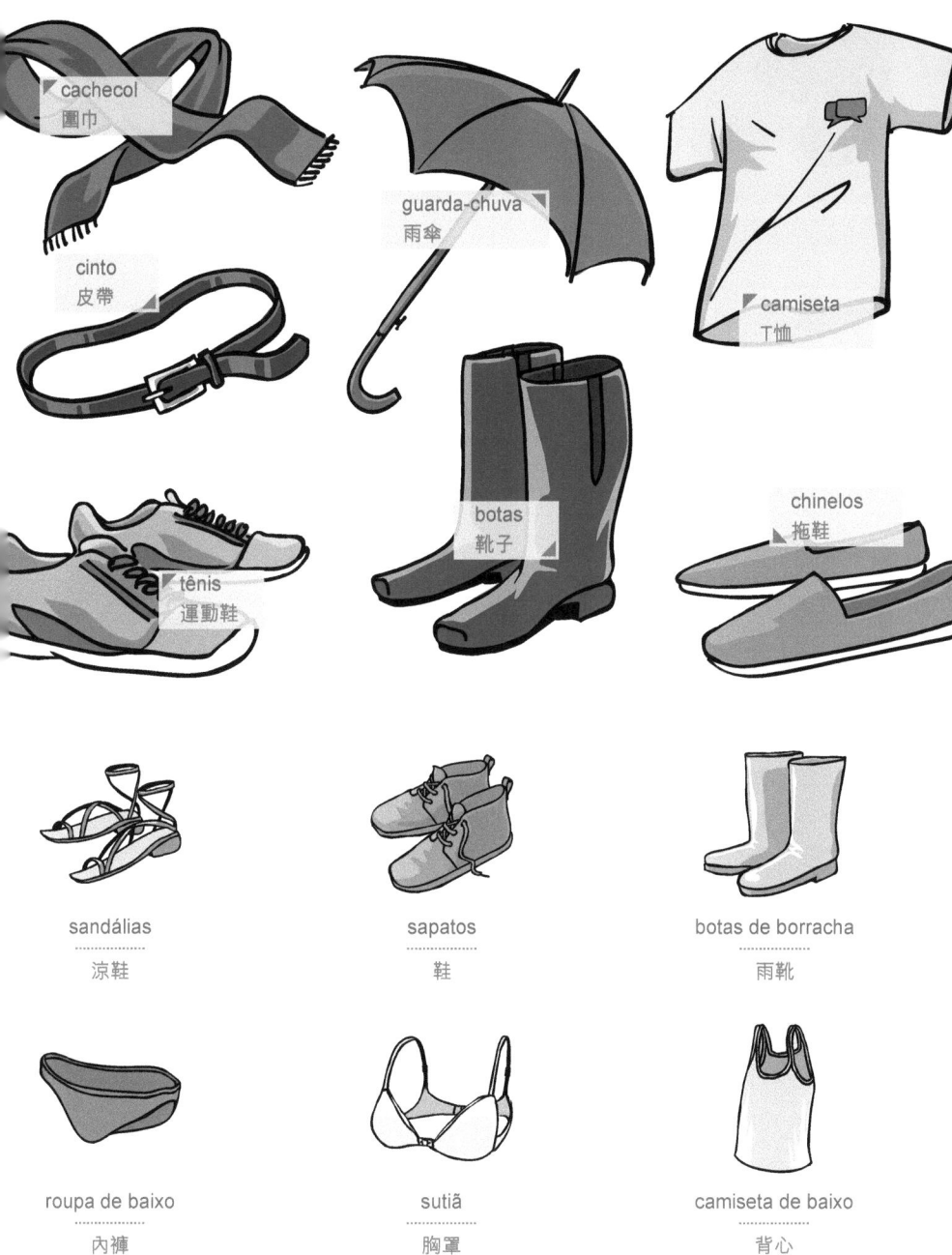

cachecol
圍巾

guarda-chuva
雨傘

camiseta
T恤

cinto
皮帶

botas
靴子

chinelos
拖鞋

tênis
運動鞋

sandálias
涼鞋

sapatos
鞋

botas de borracha
雨靴

roupa de baixo
內褲

sutiã
胸罩

camiseta de baixo
背心

body

身體

calças

褲子

jeans

牛仔褲

saia

短裙

blusa

女式襯衫

camisa

襯衫

pulôver

套頭衫

suéter com capuz

連帽上衣

blazer

西裝夾克

jaqueta

夾克

casaco

外套

gabardine

雨衣

traje

套裝

vestido

連衣裙

vestido de casamento

婚紗

terno
西裝

camisola
睡袍

pijama
睡衣

sari
莎麗

lenço de cabeça
頭巾

turbante
包頭巾

burca
波卡

cafetã
卡夫坦

abaya
(阿拉伯式)長袍

maiô
泳衣

sunga
男式泳褲

shorts
短褲

roupa de treino
運動服

avental
圍裙

luvas
手套

botão

鈕扣

óculos

眼鏡

pulseira

手鏈

colar

項鍊

anel

戒指

brinco

耳環

boné

便帽

cabide

衣架

chapéu

帽子

gravata

領帶

zíper

拉鍊

capacete

安全帽

suspensórios

背帶

uniforme escolar

校服

uniforme

制服

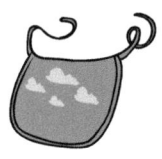

babador

圍兜

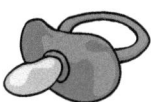

chupeta

安撫奶嘴

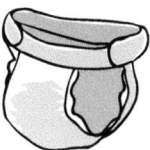

fralda

尿布

escritório
辦公室

servidor
伺服器
armário de arquivos
檔案櫃
impressora
印表機
papel
紙
monitor
螢幕
mouse
滑鼠
escrivaninha
辦公桌
pasta
資料夾
teclado
鍵盤
cesto de lixo
廢紙簍
computador
電腦
cadeira
椅子

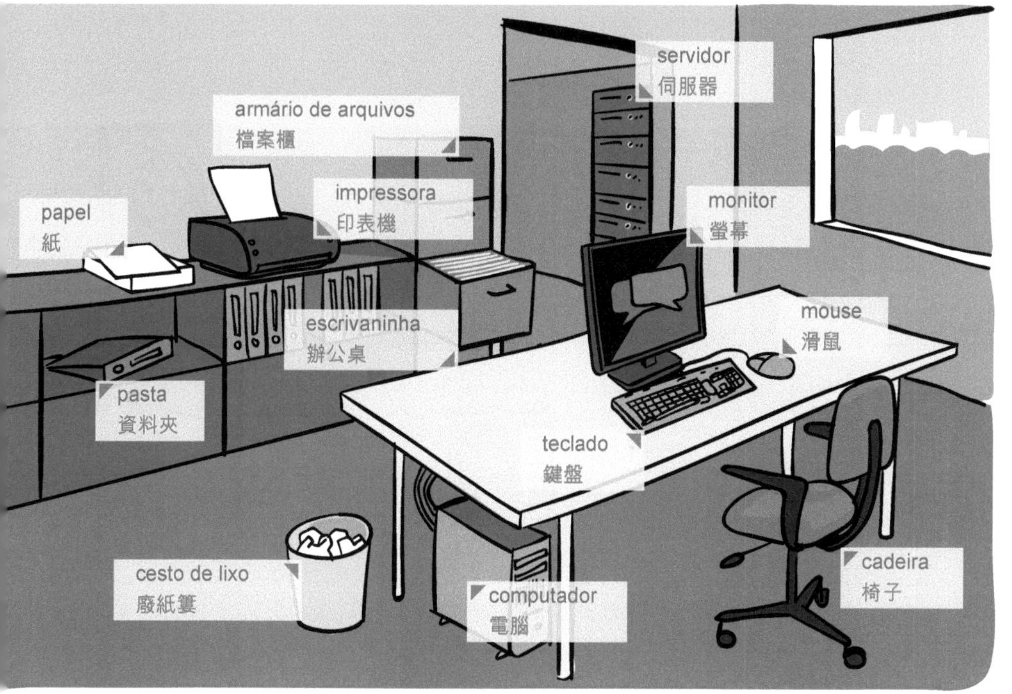

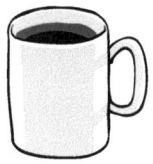

xícara de café

咖啡杯

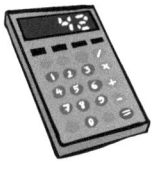

calculadora

計算機

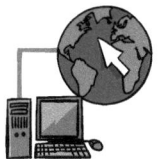

internet

網際網路

laptop

筆記型電腦

carta

信件

mensagem

簡訊

celular

行動電話

rede

網路

copiadora

影印機

software

軟體

telefone

電話

tomada

插座

fax

傳真機

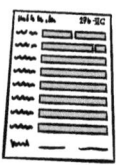

formulário

表格

documento

檔案

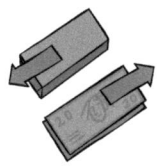

comprar

買

pagar

付錢

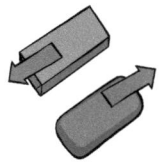

negociar

交易

dinheiro

現金

Dólar

美元

Euro

歐元

Yen

日元

rublo

盧布

franco suíço

瑞士法郎

renminbi yuan

人民幣

rupia

盧比

caixa eletrônico

提款處

casa de câmbio

外幣兌換處

ouro

金

prata

銀

petróleo

石油

energia

能源

preço

價格

contrato

合約

imposto

稅金

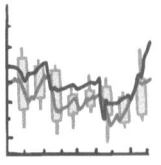

ação

股票

trabalhar

工作

empregado

職員

empregador

老闆

fábrica

工廠

loja

商店

profissões

職業

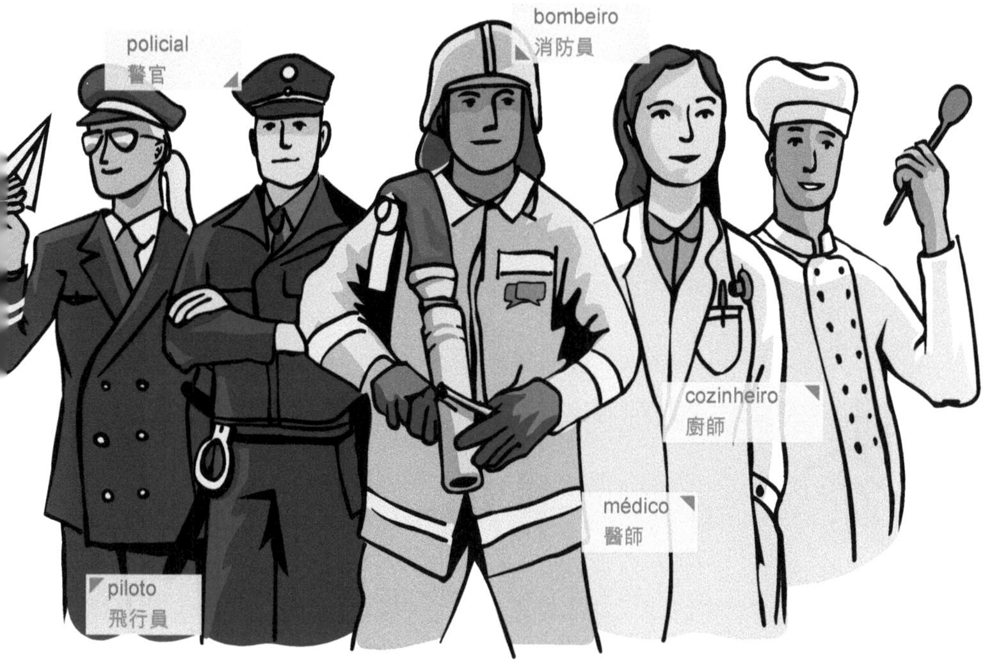
policial
警官
bombeiro
消防員
cozinheiro
廚師
médico
醫師
piloto
飛行員

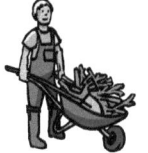

jardineiro
園丁

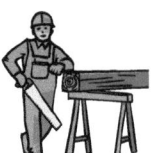

marceneiro
木匠

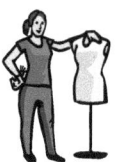

costureira
裁縫

juiz
法官

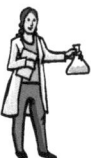

químico
化學家

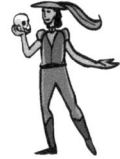

ator
演員

motorista de ônibus

公車司機

motorista de táxi

計程車司機

pescador

漁夫

faxineira

清洗女工

telhador

屋頂工

garçom

服務生

caçador

獵人

pintor

畫家

padeiro

麵包師

eletricista

電工

construtor

建築工人

engenheiro

工程師

açougueiro

屠夫

encanador

水管工

carteiro

郵差

soldado

士兵

arquiteto

建築師

caixa

收銀員

florista

花農

cabelereiro

理髮師

condutor

售票員

mecânico

機械技師

capitão

船長

dentista

牙醫

cientista

科學家

rabino

拉比

imam

伊瑪目

monge

和尚

pastor

牧師

ferramentas

工具

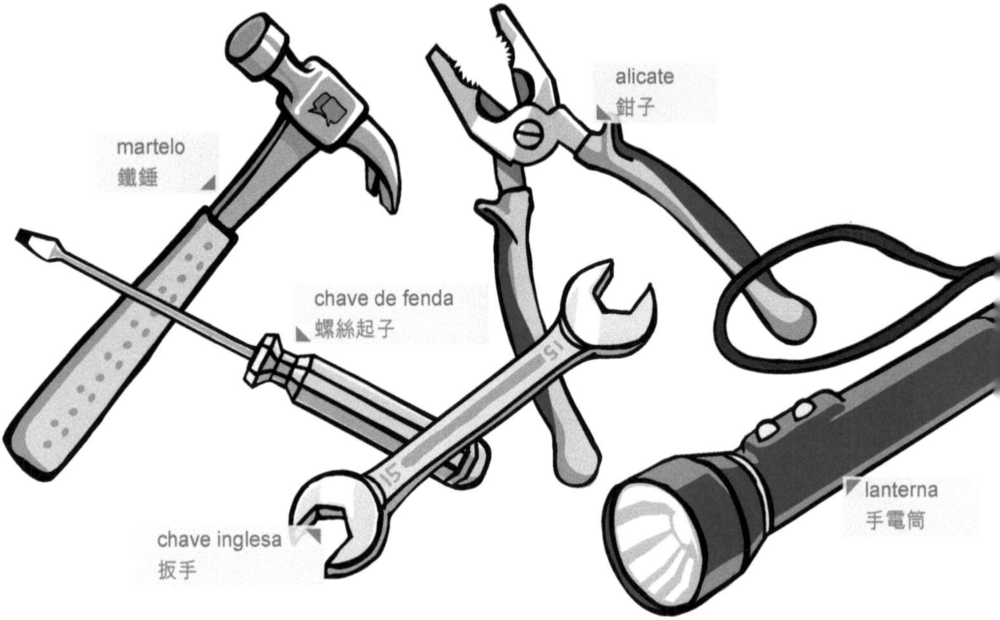

martelo
鐵鎚
alicate
鉗子
chave de fenda
螺絲起子
chave inglesa
扳手
lanterna
手電筒

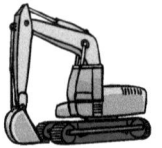

escavadora

挖掘機

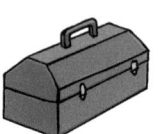

caixa de ferramentas

工具箱

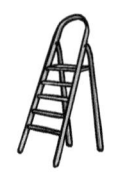

escada de mão

梯子

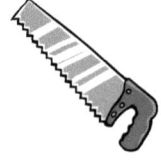

serra

鋸子

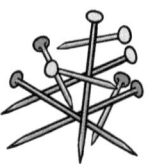

pregos

釘子

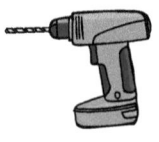

furadeira

鑽機

consertar

修

pá

鏟子

Droga!

糟糕！

pá de lixo

畚箕

pote de tinta

油漆桶

parafusos

螺絲

instrumentos musicais

樂器

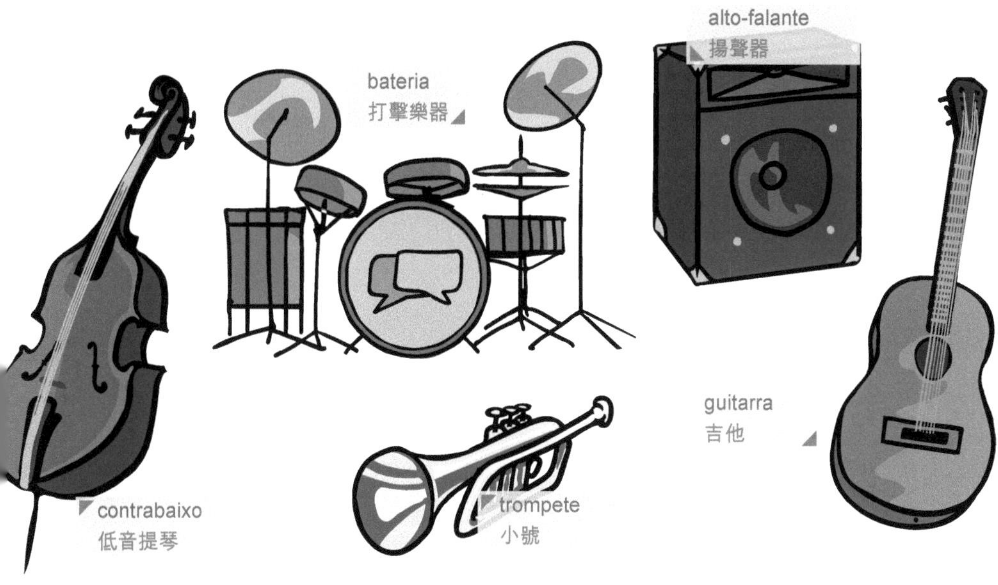

bateria
打擊樂器

alto-falante
揚聲器

guitarra
吉他

contrabaixo
低音提琴

trompete
小號

piano

鋼琴

violino

小提琴

baixo

貝斯

timbales

定音鼓

tambor

鼓

teclado

電子琴

saxofone

薩克斯風

flauta

長笛

microfone

麥克風

zoológico
動物園

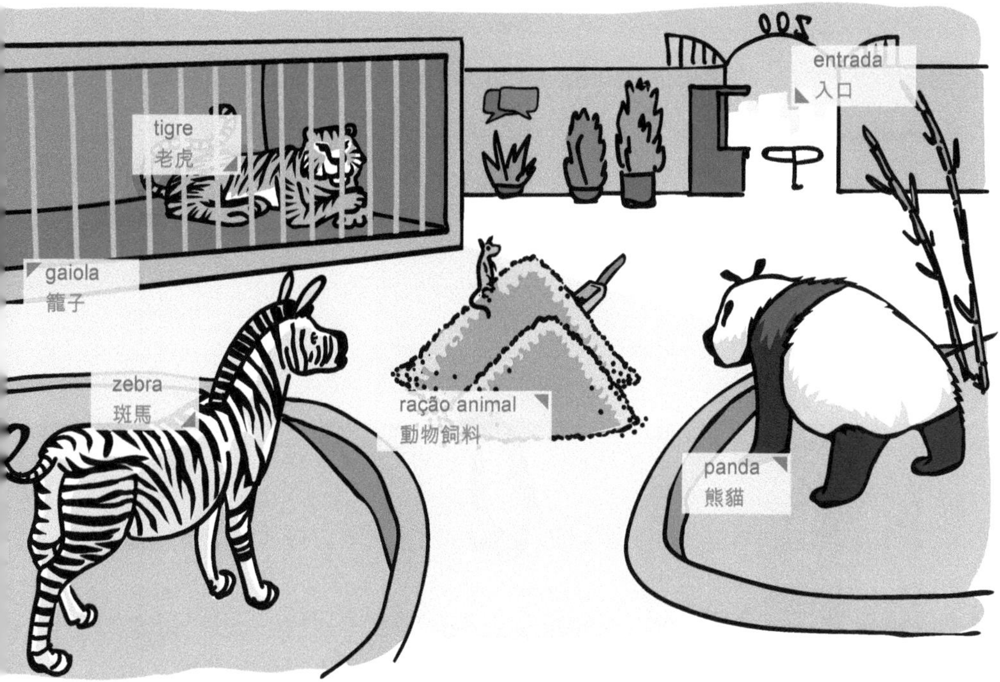

tigre
老虎
entrada
入口
gaiola
籠子
zebra
斑馬
ração animal
動物飼料
panda
熊貓

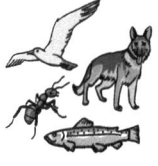

animais

動物

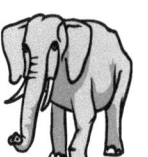

elefante

大象

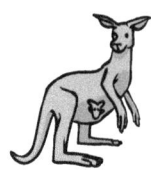

canguru

袋鼠

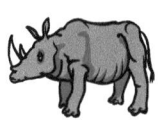

rinoceronte

犀牛

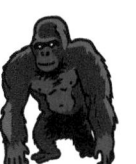

gorila

大猩猩

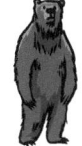

urso

熊

camelo

駱駝

avestruz

鴕鳥

leão

獅子

macaco

猴子

flamingo

紅鶴

papagaio

鸚鵡

urso polar

北極熊

pinguim

企鵝

tubarão

鯊魚

pavão

孔雀

cobra

蛇

crocodilo

鱷魚

guarda do zoológico

動物園管理員

foca

海豹

jaguar

美洲豹

zoológico - 動物園

pônei

矮種馬

leopardo

豹

hipopótamo

河馬

girafa

長頸鹿

águia

老鷹

javali

野豬

peixe

魚

tartaruga

龜

morsa

海象

raposa

狐狸

gazela

羚羊

futebol americano
橄欖球

ciclismo
騎腳踏車

tênis
網球

basquete
籃球

natação
游泳

boxe
拳擊

hóquei no gelo
冰球

futebol
美式足球

badminton
羽毛球

atletismo
田徑

handebol
手球

esqui
滑雪

polo
馬球

pular
跳

abraçar
擁抱

rir
笑

andar
走路

cantar
唱

rezar
祈禱

beijar
親吻

sonhar
做夢

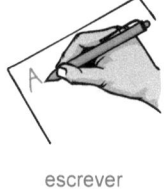

escrever

書寫

desenhar

畫

mostrar

展示

empurrar

推

dar

給

tomar

拿

ter

有

fazer

做

ser

當

ficar de pé

站

correr

跑

puxar

拉

jogar

丟

cair

摔倒

deitar

躺

esperar

等待

carregar

攜帶

sentar

坐

vestir

穿衣

dormir

睡覺

despertar

醒來

olhar para

看

chorar

哭

acariciar

擊

pentear

梳頭

falar

交談

entender

明白

perguntar

問

ouvir

聽

beber

喝

comer

吃

arrumar

清理

amar

愛

cozinhar

做飯

dirigir

開車

voar

飛

velejar

航行

calcular

計算

ler

讀

aprender

學習

trabalhar

工作

casar

結婚

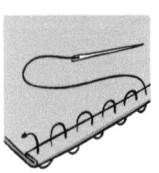

costurar

縫

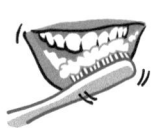

escovar os dentes

刷牙

matar

殺

fumar

抽菸

enviar

寄

avó
祖母

avô
祖父

pai
父親

mãe
母親

bebê
嬰兒

filha
女兒

filho
兒子

convidado

客人

tia

阿姨

tio

叔叔

irmão

兄弟

irmã

姐妹

corpo

身體

testa
前額
olho
眼睛
ombro
肩膀
dedo
手指
rosto
臉
queixo
下巴
mão
手
perna
腿
peito
乳房
braço
手臂

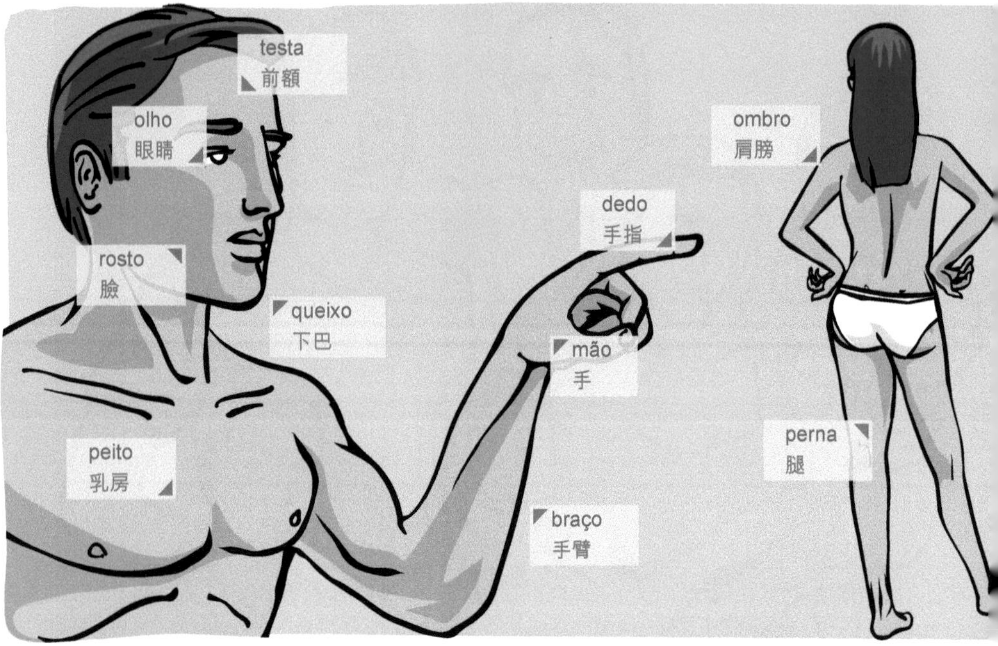

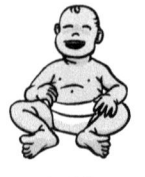

bebê

嬰兒

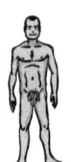

homem

男人

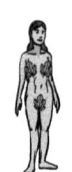

mulher

女人

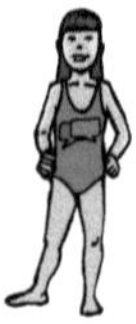

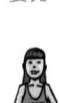

menina

女孩

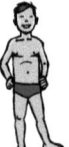

menino

男孩

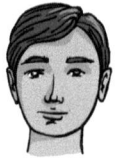

cabeça

頭

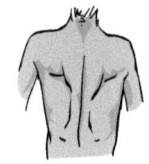

costas

背部

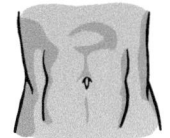

barriga

肚子

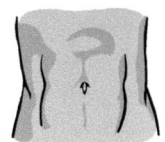

umbigo

肚臍

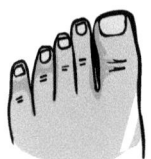

dedo do pé

腳趾

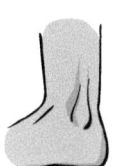

calcanhar

腳後跟

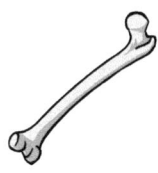

osso

骨頭

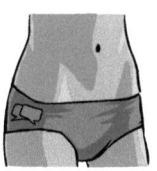

anca

臀部

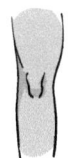

joelho

膝蓋

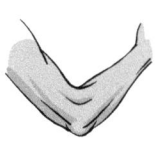

cotovelo

手肘

nariz

鼻子

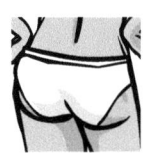

nádegas

屁股

pele

皮膚

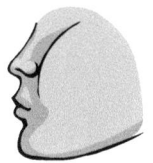

bochecha

臉頰

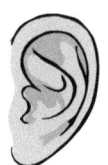

orelha

耳朵

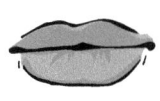

lábio

嘴唇

boca

嘴

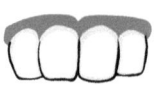

dente

牙齒

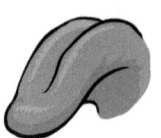

língua

舌頭

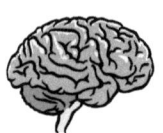

cérebro

腦

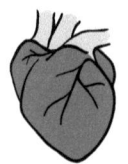

coração

心臟

músculo

肌肉

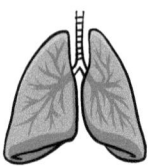

pulmão

肺

fígado

肝臟

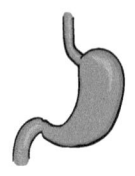

estômago

胃

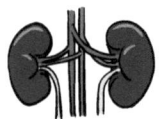

rins

腎臟

relações sexuais

性交

preservativo

保險套

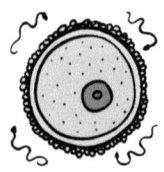

óvulo

卵子

esperma

精子

gravidez

懷孕

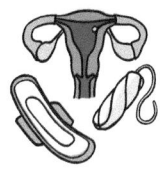

menstruação

月事

vagina

陰道

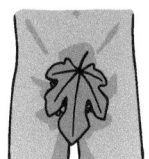

pênis

陰莖

sobrancelha

眉毛

cabelo

頭髮

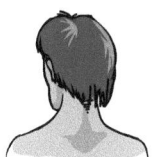

pescoço

脖子

hospital
醫院

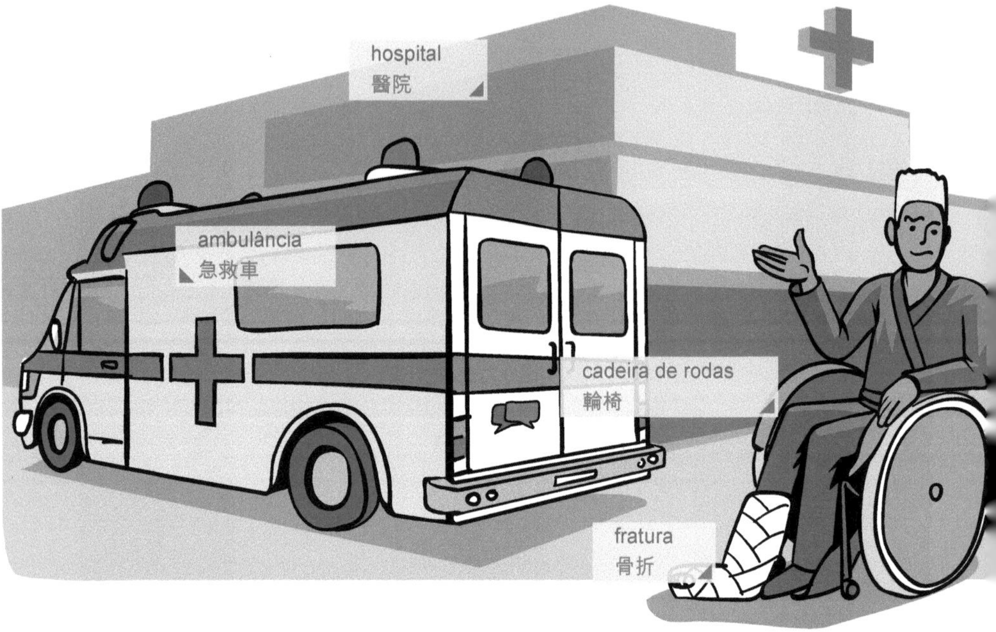

hospital
醫院

ambulância
急救車

cadeira de rodas
輪椅

fratura
骨折

médico
醫師

pronto-socorro
急診室

enfermeira
護理師

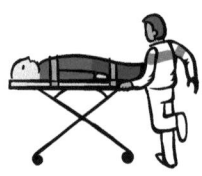

emergência
緊急情形

inconsciente
昏迷

dor
痛

ferimento

受傷

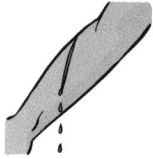

hemorragia

出血

ataque cardíaco

心臟病發作

cidente vacular cerebral

中風

alergia

過敏

tosse

咳嗽

febre

發燒

gripe

流感

diarreia

腹瀉

dor de cabeça

頭痛

câncer

癌症

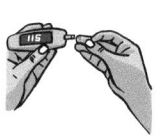

diabetes

糖尿病

cirurgião

外科醫師

bisturi

手術刀

operação

手術

CT

電腦斷層掃描

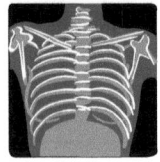

raio x

X光

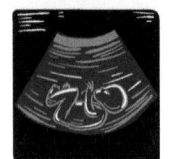

ultrassom

超音波

máscara

口罩

doença

疾病

sala de espera

候診室

muleta

拐杖

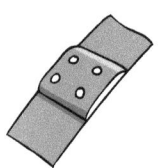

bandeide

石膏

ligadura

繃帶

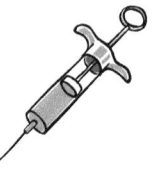

injeção

注射

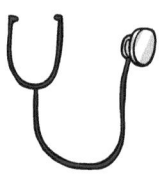

estetoscópio

聽診器

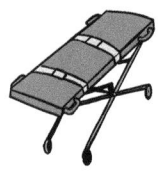

maca

擔架

termômetro

體溫計

nascimento

出生

excesso de peso

超重

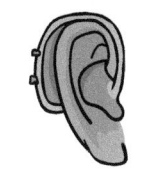

aparelho auditivo
助聽器

desinfetante
消毒液

infecção
感染

vírus
病毒

HIV / AIDS
愛滋病

medicamento
藥物

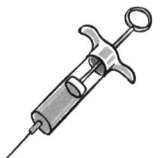

vacinação
接種疫苗

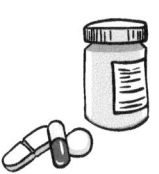

comprimidos
藥片

pílula
藥丸

hamada de emergência
急救電話

dispositivo de medição de
pressão arterial
血壓計

doente / saudável
生病/健康

Socorro!

救命！

alarme

警報

assalto

突擊

ataque

攻擊

perigo

危險

saída de emergência

緊急出口

Fogo!

失火了！

extintor de incêndios

滅火器

acidente

意外

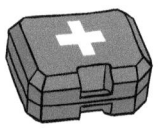

maleta de primeiros
socorros

急救箱

SOS

呼救訊號

polícia

員警

Europa

歐洲

América do Norte

北美洲

América do Sul

南美洲

África

非洲

Ásia

亞洲

Austrália

澳洲

Atlântico

大西洋

Pacífico

太平洋

Oceano Índico

印度洋

Oceano Antártico

南冰洋

Oceano Ártico

北冰洋

Polo Norte

北極

Polo Sul

南極

Antártica

南極洲

Terra

地球

terra

陸地

mar

海

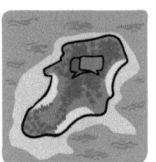

ilha

島

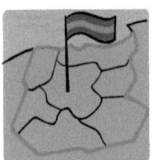

nação

國家

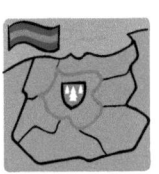

estado

州

mostrador do relógio

錶盤

ponteiro das horas

時針

ponteiro dos minutos

分針

ponteiro dos segundos

秒針

Que horas são?

現在幾點？

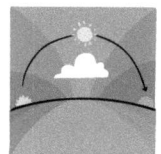

dia

天

tempo

時間

agora

現在

relógio digital

電子錶

minuto

分

hora

時

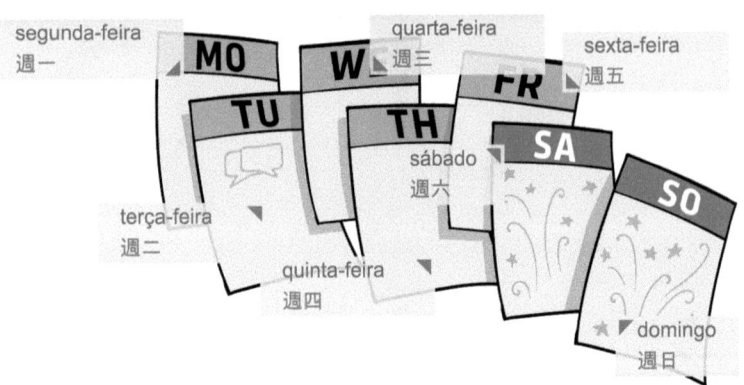

segunda-feira
週一

MO

quarta-feira
週三

W

sexta-feira
週五

FR

TU

terça-feira
週二

TH

sábado
週六

SA

quinta-feira
週四

SO

domingo
週日

ontem

昨天

hoje

今天

amanhã

明天

manhã

早晨

meio-dia

中午

entardecer

晚上

dias úteis

工作日

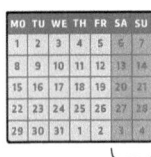

fim de semana

週末

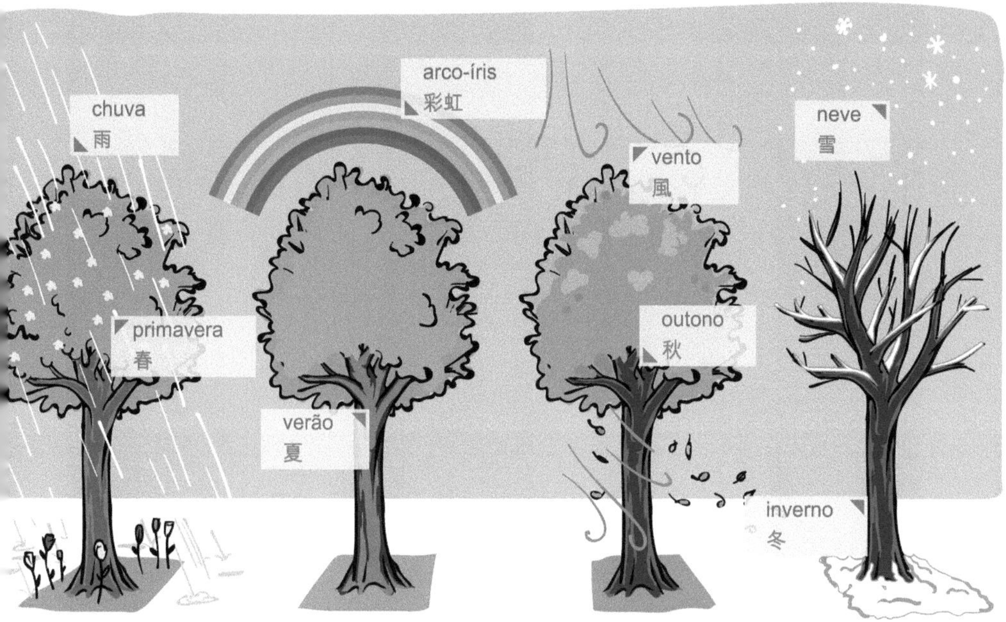

chuva
雨
arco-íris
彩虹
neve
雪
vento
風
primavera
春
outono
秋
verão
夏
inverno
冬

4.APRIL 11°
5.APRIL 4°
6.APRIL 13°
7.APRIL 8°
8.APRIL 10°

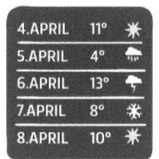

previsão do tempo

天氣預告

F
C
120
90
60
30
0
-30
40
30
20
10
0
-10
-20

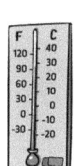

termômetro

溫度計

raio de sol

陽光

nuvem

雲

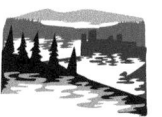

neblina / nevoeiro

霧

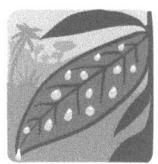

umidade do ar

潮濕

relâmpago

閃電

trovão

打雷

tempestade

風暴

granizo

冰雹

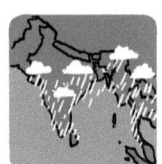

monção

季風

inundação

洪水

gelo

冰

janeiro

一月

fevereiro

二月

março

三月

abril

四月

maio

五月

junho

六月

julho

七月

agosto

八月

setembro
....
九月

outubro
....
十月

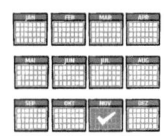

novembro
....
十一月

dezembro
....
十二月

formas
形狀

círculo
....
圓形

quadrado
....
正方形

retângulo
....
長方形

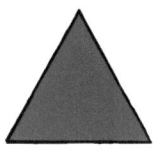

triângulo
....
三角形

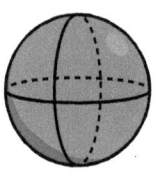

esfera
....
球體

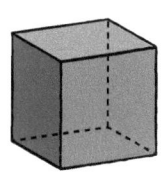

cubo
....
立方體

branco

白

amarelo

黃

laranja

橙

rosa

粉

vermelho

紅

lilás

紫

azul

藍

verde

綠

marrom

棕

cinza

灰

preto

黑

muito / pouco

很多/少許

furioso / tranquilo

生氣/平靜

lindo / feio

美/醜

começo / fim

首/尾

grande / pequeno

大/小

claro / escuro

明/暗

irmão / irmã

兄弟/姐妹

limpo / sujo

乾淨/骯髒

completo / incompleto

完整/缺失

dia / noite

白天/晚上

morto / vivo

死/生

largo / estreito

寬/窄

comestível / não comestível

可食用/非食用

mau / gentil

邪惡/善良

entusiasmado / entediado

興奮/無聊

gordo / magro

胖/瘦

primeiro / último

第一/最後

amigo / inimigo

朋友/敵人

cheio / vazio

滿/空

duro / macio

硬/軟

pesado / leve

重/輕

fome / sede

餓/渴

doente / saudável

生病/健康

ilegal / legal

非法/合法

inteligente / idiota

聰明/愚笨

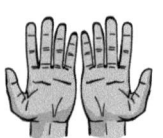

esquerda / direita

左/右

perto / longe

近/遠

novo / usado

新/舊

nada / alguma coisa

沒有/有些

velho / jovem

老/幼

ligado / desligado

開/關

aberto / fechado

打開/闔上

baixo / alto

安靜/吵鬧

rico / pobre

富/窮

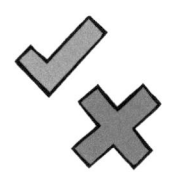

certo / errado

對/錯

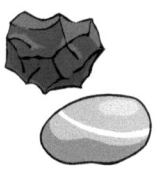

áspero / liso

粗糙/光滑

triste / feliz

傷心/高興

curto / longo

短/長

lento / rápido

慢/快

molhado / seco

濕/乾

ameno / fresco

溫暖/涼爽

guerra / paz

戰爭/和平

數字

0

zero

零

1

um

一

2

dois

二

3

três

三

4

quatro

四

5

cinco

五

6

seis

六

7

sete

七

8

oito

八

9

nove

九

10

dez

十

11

onze

十一

12
doze
十二

13
treze
十三

14
quatorze
十四

15
quinze
十五

16
dezesseis
十六

17
dezessete
十七

18
dezoito
十八

19
dezenove
十九

20
vinte
二十

100
cem
百

1.000
mil
千

1.000.000
milhão
百萬

idiomas

語言

inglês

英語

inglês americano

美式英語

chinês mandarim

普通話

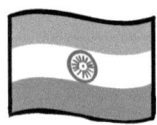

hindi

印地語

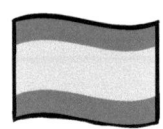

espanhol

西班牙語

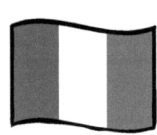

francês

法語

árabe

阿拉伯語

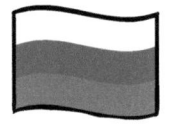

russo

俄語

português

葡萄牙語

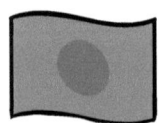

bengalês

孟加拉語

alemão

德語

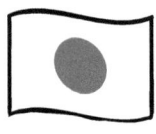

japonês

日語

eu

我

você

你

ele / ela

他/她/它

nós

我們

vocês

你們

eles / elas

他們

quem?

誰？

O quê?

什麼？

como?

如何？

onde?

何處？

Quando?

何時？

nome

名字

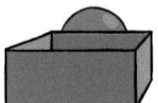

atrás

後面

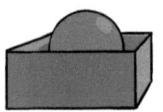

em

裡面

na frente de

前面

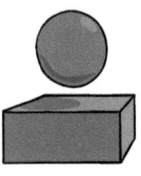

sobre

上方

em cima

上面

debaixo

下麵

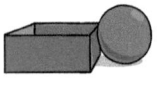

do lado

旁邊

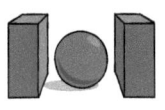

entre

中間

lugar

地點